BEI GRIN MACHT SICH IHR WISSEN BEZAHLT

Bibliografische Information der Deutschen Nationalbibliothek:

Die Deutsche Bibliothek verzeichnet diese Publikation in der Deutschen National-
bibliografie; detaillierte bibliografische Daten sind im Internet über http://dnb.d-
nb.de/ abrufbar.

Impressum:

Copyright © 2019 GRIN Verlag
Druck und Bindung: Books on Demand GmbH, Norderstedt Germany
ISBN: 9783346137616

Sascha Heller

Selbstmanagement und Präsentationstechniken. Wovon hängt der Erfolg einer Präsentation ab?

GRIN Verlag

GRIN - Your knowledge has value

Der GRIN Verlag publiziert seit 1998 wissenschaftliche Arbeiten von Studenten, Hochschullehrern und anderen Akademikern als eBook und gedrucktes Buch. Die Verlagswebsite www.grin.com ist die ideale Plattform zur Veröffentlichung von Hausarbeiten, Abschlussarbeiten, wissenschaftlichen Aufsätzen, Dissertationen und Fachbüchern.

Besuchen Sie uns im Internet:

http://www.grin.com/

http://www.facebook.com/grincom

http://www.twitter.com/grin_com

Einsendepräsentation

Selbstmanagement und Präsentationstechniken

Abgegeben am 29.12.2019 per Upload
SRH Fernhochschule

Modul: Selbstmanagment
Studiengang: Wirtschaftspsychologie

Von
Sascha Heller

1. Zuhöreranalyse

Um die vorliegende Hausarbeit besser lesbar zu machen, wird hier lediglich die männliche Form der Ansprache gewählt. Dies bezieht sich stellvertretend auch für das weibliche sowie für das diverse Geschlecht.

Die Gruppe an Zuhörern besteht aus einem vorwiegend heterogenen Alter, wovon ca. 90 Prozent berufstätig sind. Ein Drittel davon hat bereits eine Familie mit Kindern. Ebenfalls finden sich fünf Studenten in der Gruppe, die ein Präsenzsstudium begonnen, jedoch wieder abgebrochen haben. Ein Absolvent eines Chemiestudiums befindet sich ebenfalls innerhalb der Gruppe.

Zunächst sind zur Zuhöreranalyse verschiedene Fragen zu beantworten. Haben die Zuhörer ein bestimmtes Vorwissen? Welche Nutzenerwartung bringen sie mit in den Vortrag? Wieso nehmen sie an der Präsentation teil und welche Motivationen haben sie dafür? (Arenberg 2015, S. 55)

Erwartungshaltung und Nutzenanalyse

Der Vortrag handelt von dem Thema „Selbst- und Zeitmanagement im Studium: Möglichkeiten und Grenzen". Somit beläuft sich die Motivation auf der einen Seite darauf, die Thematik zu verstehen und damit einen Input für die Prüfung des Moduls zu bekommen. Auf der anderen Seite bekommen die Arbeitnehmer eine Hilfestellung, wie sie ihr Studium und ihre Arbeit vereinbaren können. Der zweite Punkt wird wahrscheinlich für die Personen mit Familie und Kinder noch relevanter sein. Zu erwähnen wären auch noch die Personen, die bereits ein Studium begonnen haben, dies jedoch abgebrochen haben. Ihr relevantes Thema wird wohl eher das Selbstmanagement sein. Zuletzt wird wohl der Chemiker daran interessiert sein, sein Zweitstudium möglichst rasch und effektiv absolvieren zu können. In dem Vortrag wird nicht nur ein gewisses Thema nähergebracht, sondern es können auch praxisrelevante Techniken erlernt werden, die auch sogleich einsetzbar sind.

2. Zielsetzung und Kernbotschaft der Präsentation

Das Ziel der Präsentation soll es sein, sowohl die Thematik auf theoretischer Basis wiedergeben als auch in praktischer Hinsicht anwenden zu können. Die Studenten sollten danach in der Lage sein, ihre Kenntnisse sowohl in ihrer Modelprüfung als auch innerhalb ihrer Studienzeit anwenden zu können, um ihr Studium effektiv in ihr Privatleben einzubinden.

Die Kernbotschaft sollte die Erwartungen der Studenten befriedigen. Dabei sollten die dargestellten Techniken in ihren beruflichen, studentischen und privaten Alltag integriert werden, damit dem Ziel des Abschlusses nichts mehr im Wege steht.

3. Konzept der Präsentation und Fazit

3.1 Gliederung

Die Einleitung (ca. 3 Minuten entsprechen ca. 15%)

Zuerst beginne ich mit der Begrüßung der Zuhörer. Dabei ist es wichtig, jede Person zumindest einmal gezielt anzusehen. Wichtige Personen werden hier namentlich genannt, gemäß der bestehenden Hierarchie. Danach stelle ich mich selbst vor, damit die Zuhörer einen kurzen Einblick bekommen, mit wem sie es zu tun haben. Hierzu möchte ich meine persönliche Betroffenheit zum Thema schildern. Dazu gehört auch, wie mir die Lektüre geholfen hat, ein Gespür zum Thema Selbstmanagement zu entwickeln und mich dementsprechend weiter zu entwickeln. Die persönliche Betroffenheit füllt die Einleitung mit

Emotionen und erhöht die Authentizität. Zuletzt wird das Thema vorgestellt und die Gliederung der Präsentation aufgezeigt, damit die Zuhörer eine Vorstellung haben, was sie erwartet. Des Weiteren können spezielle Techniken eingebracht werden, wie z. B. die rhetorische Frage, ein aktueller Bezug oder eine Provokation. Auch Humor kann hier durchaus angebracht sein. (Arenberg 2015, S. 60–62) Durch eine geschickt platzierte Provokation ist es möglich, ein weitgehendes persönliches Interesse beim Publikum zu wecken.

Der Hauptteil (ca. 15 Minuten entsprechen ca. 75%)

Um den Hauptteil gut zu strukturieren, benötigt man zuerst einmal einen roten Faden. Dieser ist zum einen wichtig, um die Zuhörer durch den Vortrag zu führen. Außerdem gibt dieser eine Hilfestellung, damit man nicht zu weit vom Thema abschweift. Man gliedert die unterschiedlichen Gesichtspunkte in einzelne Abschnitte. Mithilfe zentraler Gestaltungsprinzipien wie z. B. verschiedener Argumentationstechnicken oder Storytelling werden die einzelnen Kapitel separat behandelt. (Arenberg 2015, S. 62)

Da der Hauptteil über viele Theorien verfügt, sollte man sich überlegen, beim Einleiten zum Hauptteil kurz die Gliederung mit den Zuhörern durch zu gehen. Dadurch können sie effektiver auf die Fülle an Informationen vorbereitet werden und ihre Aufmerksamkeit während der Präsentation besser auf den Vortrag fokussieren. Durch die gesteigerte Aufmerksamkeit erhöht sich auch die Aufnahmefähigkeit der Zuhörer bzgl. des Inhaltes der Präsentation.

Der Schluss (ca. 2 min entsprechen 10%)

Der Schluss ist ein wichtiger Bestandteil einer Präsentation und sollte daher auch nicht vernachlässigt werden. Wichtig ist hierbei, dass keine neuen Informationen mehr gegeben werden sollten. Es ist hier zu erwähnen, dass der Schluss eine Präsentation abrundet. Er beeinflusst damit das, was die Zuhörer von der Präsentation mitnehmen. Man kann ihn auf unterschiedlichste Weisen ausarbeiten. Beispielsweise kann man die Vorteile wiederholen, die Präsentation kurz zusammenfassen oder auch einen Appell mit auf den Weg geben. Außerdem können hier offene Fragen, z. B. im Umfang einer Fragerunde, beantwortet werden. Des Weiteren kann eine Überleitung zu einer Diskussion eingebaut werden. (Arenberg 2015, S. 62)

3.2 Medieneinsatz

Zu einer erfolgreichen Präsentation gehört die Auswahl der passenden Medien. Es gibt nicht das eine Medium. Wichtig ist, aus der Fülle an Präsentationsmedien das passende für die Zuhörer und den Vortragenden zu finden. Es ist darauf zu achten, dass der herausgearbeitete Stoff auf eine Weise vorgestellt wird, die das Publikum anspricht und nicht zu arg von dem Redner ablenkt. Es sollten jedoch vorab noch weitere Gesichtspunkte geklärt werden. Daher sollte vorher abgeklärt werden, über welche medialen Mittel der Raum für den Vortrag verfügt. Sollte das gewünschte Medium nicht vorhanden sein, muss man sich selbst darum kümmern und z. B. bei einem Whiteboard den Transport organisieren.

Hat man sich für einige Medien entschieden, sollte man sich den Umfang des eingesetzten Mediums überlegen, wobei es auf die prozentuale Nutzung ankommt. Als Hauptmedium wird das Medium bezeichnet, welches die hauptsächliche Zeit verwendet wird. Dies kann z. B. eine Leinwand oder ein Beamer für eine PowerPoint Präsentation sein. Ein Dauermedium hingegen wird zwar nicht hauptsächlich genutzt, ist aber während der ganzen Präsentationsphase gut sichtbar. Dies könnte beispielsweise ein Poster sein. Werden Medien nur kurzfristig eingesetzt, um z. B. die Aufmerksamkeit zu erhöhen, nennt man diese Spontanmedien. (Arenberg 2015, S. 66)

3.2.1 Tafel und Whiteboard

Die Medien, die immer noch sehr gerne eingesetzt werden, sind das Whiteboard oder auch die Tafel. Da ein Whiteboard magnetisch ist, hat man die Möglichkeit, verschiedenste Dinge daran zu befestigen. Es gibt auch bereits eine per Touchscreen beschreibbare Variante, welche sich Smartboard nennt. Das Whiteboard hat einige Vor- und Nachteile, die zu beachten sind.

Vorteile:

- Möglichkeit der schrittweisen Erarbeitung von Sachverhalten
- Erarbeitung eines eigenen Skriptes
- Gezielte langsame Vermittlung
- Aktivierung der Zuhörer durch Mitschreiben
- Spontane und flexible Handhabung

Nachteile:

- Aufwendige Vorbereitung
- Relevanz des Schreibstils
- Abwendung vom Publikum
- Begrenzter Platz
- Möglichkeit eines Lehrer-Schüler-Effektes
- Schwer zu transportieren

Aufgrund der gegebenen Vor- und Nachteile besteht hier auch immer noch eine hohe Beliebtheit. Vor allem bei kleinen Meetings, z. B. bei Teammeetings, werden Whiteboards immer noch gerne und häufig eingesetzt. (Arenberg 2015, S. 68)

3.2.2 Die Pinnwand

Eine Pinnwand besteht häufig aus einfachem Kork. Per Stecknadeln oder auch Pinnadeln können verschiedenste Materialien an eine Pinnwand gehängt werden. Sie bietet sich daher gut als Dauermedium an. Durch die Mitarbeit der Zuhörer eignet sich eine Pinnwand auch zur Erstellung von Mindmaps hervorragend.

Vorteile:

- Hohe Aufnahmebereitschaft der Teilnehmer durch deren mögliche Einbindung
- Informationen können sukzessiv aufgebaut werden
- Flexibilität und dauerhafte Sichtbarkeit aller Informationen

Nachteile:

- Begrenzte Gruppengröße auf ca. 20 Personen
- Aufwendiger Transport und Protokollierung
- Es werden mehr Moderations- als Präsentationsfähigkeiten benötigt

Die Pinnwand ist heutzutage bereits sehr gut durch entsprechende Software und einen Beamer ersetzbar. Dennoch wird sie in Besprechungsräumen auch heute noch häufig eingesetzt. (Arenberg 2015, S. 69)

3.2.3 Der Flipchart

Ein Flipchart ist wie eine Art übergroßer Block auf Füßen. Es gibt hierfür spezielle Flipchartbögen, die diesem Medium eine gewisse Flexibilität einräumen. Jedoch werden hierfür auch spezielle Flipchart – Stifte benötigt.

Vorteile:

- Einsetzbar als unterstützendes Medium
- Einbindbarkeit der Teilnehmer
- Sukzessiver Aufbau von Informationen möglich
- Vortrag wirkt durch die variable Geschwindigkeit aktiver
- Abgeschlossene Bögen können abgenommen und aufgehängt werden
- Geringer Platzbedarf

Nachteile:

- Relativ kleine Beschriftungsfläche
- Blickkontakt zu den Zuhörern wird abgelenkt
- Relevanz der Handschrift
- Aufwendige Protokollierung und relativ hohe Kosten

Auch der Flipchart geniest eine hohe Beliebtheit und ist aus den meisten Besprechungs- oder Vortragsräumen nicht mehr wegzudenken. (Arenberg 2015, S. 70)

3.2.4 Weitere Medien

Immer im Kontext des Vortrags gibt es noch eine Vielzahl an Möglichkeiten. So können Tonspuren oder Videos vorgespielt werden, Objekte berührt oder auch Geschmacksproben verteilt werden. Auch ein Overheadprojektor ist aufgrund seiner Flexibilität noch anwendbar. Häufig kommen jedoch Laptops mit der passenden Präsentationssoftware zum Einsatz. Hier wird über einen Beamer die Präsentation an eine Wand projiziert. (Arenberg 2015, S. 71)

3.3 Das Zeitmanagement

Innerhalb des Zeitmanagements kommt es auf verschiedene Faktoren an, auf die man sich zunächst einzeln konzentrieren muss. Zunächst sollte man sich klare Ziele formulieren. Dies kann z. B. durch die SMART-Methode erfolgen. Im nächsten Schritt muss man sich eine Übersicht über die zu bewältigenden Aufgaben verschaffen, z. B. durch Mindmapping oder Visualisierungssysteme. Den erfassten Aufgaben werden nun durch die ABC-Analyse Prioritäten zugeteilt. Um die Umsetzung durchzuplanen, können Konzepte wie die ALPEN-Methode verwendet werden. Die ALPEN-Methode hat den Vorteil, dass dadurch auch gleich die Motivation gesteigert wird. (Graf 2019, S. 236)

Hat man die oben genannten Punkte beachtet, sollte man sich noch diversen weiteren Faktoren widmen. Ein Problem sind immer sogenannte Zeitfresser bzw. Störungsquellen. Ein Handy wäre hierfür ein gutes Beispiel. Daher sollten Handys ausgeschalten werden, um sich nicht von der Vielzahl an Neuigkeiten ablenken zu lassen. Auch ein optimiertes Ablagesystem ist sinnvoll. Zuletzt sollte man Grenzen definieren, um sich beispielsweise von Ablenkungen fern zu halten. (Graf 2019, S. 236)

Erfolgreiches Selbstmanagement umfasst häufig eine zyklische Anpassung von Zielsetzung und Zielhandeln an die sich verändernde Umwelt und eigener Faktoren. Im Folgenden sollen einige Selbstmanagementtechniken näher erläutert werden. (Arenberg 2018, S. 29–30)

3.3.1 Erfolgreich Ziele generieren durch die SMART-Methode

Kleinbeck ist der Ansicht, dass ohne Ziele keine Handlungen möglich sind. Ziele steuern sowohl Fähigkeiten als auch Fertigkeiten in Richtung Handlungsergebnisse. Innerhalb des Studiums werden verschiedene thematische Arten von Zielen generiert. Die sozialen Ziele umfassen die Familie, Freunde und Freizeitaktivitäten. Die Leistungsziele sind auf das Erzielen von bestimmten Leistungen ausgelegt, wie z. B. berufliche oder studentische Leistungsziele. Die emotionalen Ziele sind auf die Gefühlswelt ausgerichtet. Auch diese sind von hoher Wichtigkeit, da hierbei auch die Motivation entsteht. Dabei wirken schnell erreichbare Ziele besonders motivationsstärkend. Eine wirksame Methode für die Zielerfassung stellt die SMART-Methode dar. (Arenberg 2018, S. 61–62)

Der Nutzen soll hier anhand eines Beispiels herauskristallisiert werden. Ein Ziel, wie beispielsweise einmal in seinem Leben Fallschirm springen zu wollen, ist schlecht formuliert. Da das Ziel keinen zeitlichen Rahmen hat, ist es möglich es immer weiter aufzuschieben, bis es vielleicht gar nicht mehr erreicht werden kann. Die Regeln der SMART-Methode der Zielformulierung hilft den Studierenden effektive Ziele zu erarbeiten. Diese Ziele sollten spezifisch sein und gut messbar formuliert werden. Attraktive und erreichbare Ziele steigern die Motivation zur Zielerreichung. Dabei sollten Ziele realistisch und vor allem auch realistisch terminiert sein. (Jochen Mai 2019)

Man kennt die Befriedigung und Motivation, die man erlebt, wenn ein sich selbst gestecktes Ziel erreicht worden ist. Daher sollten sich gerade frische Studenten ihre Ziele anhand der SMART-Methode entwickeln.

3.3.2 Prioritäten setzten durch die ABC-Analyse

Hat man mehrere „Jobs" zeitlich mit einander zu vereinbaren, kommt es häufig zu Überforderung. Teilzeitstudenten mit Familien sind davon besonders betroffen. Man hat den Job, die Familie und dann auch noch ein Studium unter einen Hut zu bringen. Um dies effektiv gewährleisten zu können, müssen Prioritäten gesetzt und Aufgaben delegiert werden. Eine mögliche Technik zur Prioritätensetzung ist die ABC-Methode. (Arenberg 2018, S. 92)

Die ABC-Methode kann dabei helfen, sich selbst Prioritäten zu setzten. Hierbei sollte man zunächst eine Übersicht über die bevorstehenden Aufgaben aufstellen. Im nächsten Schritt werden die Aufgaben in die Prioritätenstufen A, B und C unterteilt. Die A-Aufgaben sollten möglichst sofort erledigt werden. Sie haben allerhöchste Priorität. Die B-

Aufgaben können verschoben oder delegiert werden. Die C-Aufgaben können delegiert oder auch verworfen werden. (Jochen Mai 2019)

Sind die Prioritäten gesetzt, kann man die Liste an Aufgaben nacheinander abarbeiten. Der Vorteil besteht hierbei, dass man die anderen Aufgaben auf dem Kopf bekommt und sich somit auf die wichtigsten Aufgaben konzentrieren kann.

3.3.3 Motivationsstärkung durch tägliche Zielerreichung mit der ALPEN-Methode

Ziele und Motivation hängen eng zusammen. Da aber Ziele nicht nur Handlungen aktivieren, sondern auch als Bewertungsgrundlage zur Zielerreichung dienen, wird die Motivation durch die Zielerreichung verstärkt. Brandstätter argumentiert hier, dass in einem selbstregulativen Prozess die Annäherung von Ist- und Soll-Zuständen geprüft wird. Nähern die beiden Faktoren sich an, stellt sich ein Wohlbefinden ein, was die Motivation steigert und somit den weiteren Weg erleichtert. (Arenberg 2018, S. 64)

Durch die ALPEN-Methode können kurzfristige Ziele (meist für einen Tag) geplant werden. Dies hat zur Folge, dass an jedem Tag auch eine Zielerreichung stattfindet, die einen weiter motivieren kann.

Die Bezeichnung der ALPEN-Methode beläuft sich auf ein Akronym. ALPEN steht für Aufgaben notieren, Länge einschätzen, Pufferzeit einplanen, Entscheidungen priorisieren und nachkontrollieren.

Was man innerhalb des Zeitraums nicht erledigt hat, kann auf den nächsten Tag übertragen werden. (Jochen Mai 2019)

3.3.4 Fokussierung und Pausen durch die Pomodore-Methode

Umso mehr Aufgaben eine Person hat, desto häufiger kann sie abgelenkt werden. Jeder kennt es, man hat sich gerade hingesetzt und schon kommen die Kleinen oder die Kollegen und brauchen etwas. Um gegen solche Konzentrationsprobleme vorzugehen, gibt es die Pomodore-Technik. Sie kann als Impulskontrolle dienen und die Selbstdisziplin steigern. Außerdem regenerieren sich in den Pausen die nötigen kognitiven Ressourcen. Da man sich hier auf eine Aufgabe fokussiert, entgeht man auch der Gefahr des unerwünschten Multitaskings. (Jochen Mai 2019) Daher ist es wichtig, innerhalb seiner Arbeitsintervalle sämtlichen Ablenkungen aus dem Weg zu gehen und sich voll auf seine Aufgabe zu fokussieren.

Die Pomodore-Methode dreht sich um Zeitintervalle. Vor allem geht es darum, im richtigen Rhythmus Pausen einzulegen. Der vorgegebene Rhythmus sind 25 Minuten Lerneinheit gefolgt von 5 Minuten Pause. Nach vier Einheiten, also nach 2 Stunden, sollte dann eine längere Pause von 30 Minuten eingelegt werden. (Jochen Mai 2019)

4. Gestaltungsregeln zu PowerPoint-Folien

Die SMART-Regel der Zielsetzung

S	spezifisch	Spezifische Zieldefinierung	*Rückenfit 1x Woche*
M	messbar	Qualitative o. quantitative Kontrollierbarkeit	*60 min*
A	attraktiv	Herausfordernden u. motivierend	*Fit sein im Alter*
R	realisierbar	Realistische Umsetzbarkeit	*Training im Trimm-dich-Pfad möglich*
T	terminiert	Klarer Zeitpunkt der Umsetzung	*Jeden Dienstag und Donnerstag*

Fast jeder hat bereits einmal eine PowerPoint-Folie gestaltet. Die richtigen Prinzipien, nach denen eine Folie gestaltet werden sollte, sind jedoch leider nicht so bekannt.

Bei der Visualisierung von Worten ist vor allem die Lesbarkeit von Wichtigkeit. Somit sollte die Schrift groß sein und einen hohen Kontrast bieten. Daher sollte man auf störende oder ablenkende Hintergründe verzichten. Um einen möglichst hohen Kontrast zu erzielen, wurde hier eine schwarze Textfarbe auf weisem Grund gewählt.

Auch die Menge des Textes auf der Folie ist von Bedeutung. Daher empfiehlt es sich Stichworte zu nutzen, um die Folie nicht zu überfüllen. Deshalb wurde hier auf ganze Sätze verzichtet und lieber mit Stichworten gearbeitet. Es wird eine Animation erstellt, welche zuerst das SMART einblendet, dann das dazugehörige Adjektiv und deren Erklärungen. Zu guter Letzt werden die Beispiele im Einzelnen eingeblendet, um ein SMART-Ziel näher zu beleuchten.

Durch den Abstand der einzelnen Elemente kann man dann die Zusammengehörigkeit oder die Unterschiedlichkeit kennzeichnen. Der Abstand zwischen der Erklärung der einzelnen Faktoren und dem Beispiel wurde bewusst gewählt, um eine klare visuelle Trennung zu erzeugen.

Auf einer Folie sollten ähnliche Informationen auch in ähnlichen Farben, Formen und Größen abgebildet werden. Zur Ausrichtung kann dann der Folienrand als Orientierungshilfe dienen. (Hey 2019, S. 76)

4.1 PowerPoint-Folien und Farbpsychologie

Indem man einem Inhalt eine neue Farbe gibt, schreibt man ihm eine besondere Bedeutung zu. Nutzt man jedoch zu viele Farben, geht die Wirkung verloren. Daher sollte man höchstens drei bis vier Farben pro Folie verwenden. Durch Farben kann man Strukturen verdeutlichen und inhaltlich zusammenhängende Punkte optisch miteinander verbinden. Außerdem wird durch Farben die Informationsaufnahme erleichtert. Die Farben rot und gelb erhöhen die Genauigkeit der Wiedergabe, die Farbe Blau liegt im mittleren Spektrum. Die Farbe Grün weist dabei die schlechteste Merkleistung auf. Durch verschiedene

Farben wird der Stoff etwas aufgelockert und hilft Monotonie zu vermeiden. (Arenberg 2018, S. 99)

Da die Farbwirkung immer kulturspezifisch ist, werden hier einige Farben und ihre Wirkung aufgelistet. Jedoch gelten diese zunächst nur für die deutsche Kultur. Schwarz und Blau sind dank ihres hohen Kontrastes gute Schriftfarben. Weiß und Gelb hingegen eignen sich als Hintergrundfarbe. Mit der Farbe Grün lässt sich positives gut betonen. Orange bietet sich als Füllfarbe an, wohingegen rot als Betonung für Hinweise dient. (Arenberg 2018, S. 100)

Die Farbgebung einer Präsentation kann sich auf die Emotionen der Zuhörer auswirken. So werden warme Farben wie z. B. Rot, Gelb und Orange mit Behaglichkeit oder Geborgenheit assoziiert. Kalte Farben wie z. B. Blau und Grün werden mit Frische und Sauberkeit assoziiert. Es bietet sich daher an, warme Farben zu wählen, da diese zu positiven Emotionen führen. (Arenberg 2018, S. 100–101)

4.2 Fehlerquellen bei Präsentationsfolien

Man sollte bei der Erstellung von Präsentationsfolien immer auf potenzielle Fehlerquellen achten. Diese sollen hier nun kurz angesprochen werden. Fehlen die Überschriften auf der Folie oder ist die Gliederung nicht nachvollziehbar, kann dies zu Desinteresse führen. Ist die Lesbarkeit nicht gegeben, weil z. B. die Schrift zu klein, zu schlecht zu erkennen oder zu bunt ist, stört das den Zuhörer. Auch unterschiedliche Schriftarten oder Schreibfehler gehören zu den Fehlerquellen. Fehlerhaft sind auch Folien ohne Quellenangaben oder kopierte Grafiken aus dem Internet. (Arenberg 2018, S. 101)

5. Wovon hängt der Erfolg der Präsentation ab?

Neben einer soliden Vorbereitung auf den Vortrag durch die Stoffsammlung, die Gliederung, die Formulierung und die Einprägung der Thematik, sind auch die Argumentationstechniken von größter Wichtigkeit. Hierzu kann z. B. das AIDA-Prinzip herangezogen werden. Wichtig für einen Vortrag ist zunächst, die Gewinnung und Aufrechterhaltung der Aufmerksamkeit. Dazu sollte das Interesse des Publikums und das Verlangen nach einer Lösung, die im Vortrag dargebracht wird, geweckt werden. (BÜHLER 2019, 82; 84)

Danach gilt es ein Handeln zu aktivieren. Durch den gegebenen Input wird der Zuhörer dazu angeregt, sein neues Wissen praktisch anzuwenden. (BÜHLER 2019, 82; 84)

Wichtig für einen erfolgreichen Vortrag sind auch verschiedene Faktoren, wie z. B. die Stimme und Sprache sowie die Körpersprache. Die Stimme sollte langsam, klar verständlich und laut genug sein. Die gewählte Sprache sollte hingegen frei, deutlich formuliert, innerhalb der passenden Fachsprache und zielfixiert sein. Durch die Sprache können auch positive Emotion beim Zuhörer angeregt werden. Innerhalb der Körpersprache kommt es sowohl auf den Stand, die allgemeine Körperhaltung, die Gestik, die Mimik, den Blickkontakt und zu guter letzte den Abgang an. (BÜHLER 2019, S. 85–88)

Natürlich spielt auch der Inhalt eine nicht geringe Rolle für einen erfolgreichen Vortrag. Egal wie gut die Rhetorik einer Person ist, passt der Inhalt des Vortrags nicht zu den Erwartungen der Zuhörer, ist er von vorne herein zum Scheitern vorurteilt.

Daher sollte man sich vorab Gedanken darüber machen, was für Erwartungen und Ziele die Zuhörer mit dem Vortrag verbinden. Dabei gilt es natürlich, diese Erwartungen zu erfüllen.

Es bietet sich an, vor der Präsentation ein Handout auszugeben. Die Zuhörer können sich nebenher Notizen machen oder Fragen für die anschließende Fragerunde notieren. Dadurch müssen sich die Zuhörer diese nicht merken und können sich mehr auf den Vortrag konzentrieren. (Arenberg 2015, S. 71)

Eine weitere Methode, den Zuhörern einen Sachverhalt näher zu bringen, ist das Storytelling. Hierbei werden Handlungen oder Ereignisse vom Präsentator wiedergegeben. Dabei ist es wichtig, die Erwartungen, Fähigkeiten und Ziele des Gegenübers zu kennen. Der Inhalt der Geschichte kann von den Zuhörern einfach mit den gewünschten Informationen verknüpft werden. Bandura bezeichnet dies als Beobachtungslernen und spricht dem eine hohe Effektivität zu. (Arenberg 2015, S. 75–77)

6. Lernerkenntnisse

Jede Aufgabenstellung innerhalb dieser Modulprüfung stellte mich vor eine gewisse Herausforderung. Die Theorien, die für mich neu waren, stellten für mich alle einen Lerngewinn dar. Bislang habe ich bei meinen Präsentationen entweder nur den Text „vorgelesen" bzw. vorgetragen. Dies erfolgte maximal noch an einem Flipchart. PowerPoint Präsentationen habe ich mit Informationen überhäuft und großzügig mit Animationen gespickt. Daher kann man sagen, dass meine bisherigen Präsentationen nicht den Anforderungen einer wissenschaftlichen Präsentation entsprachen.

Meine Quellensuche beschränkte sich damals eher auf Seiten wie Wikipedia. Die geforderte Formatierung habe ich ebenfalls als Herausforderung empfunden. Auch hier habe ich einen hohen Lerngewinn erzielt.

Ich habe gelernt, dass im Vorfeld eine Analyse der Zuhörer von größter Wichtigkeit ist und wie man diese erstellt. Ich weiß nun, welche Faktoren zur Analyse wichtig sind, wie z. B. deren Vorwissen, Hintergrund und Erwartungshaltung.

Als Lerngewinn konnte ich auch die Kommunikationstheorien verbuchen. Hier konnte ich lernen, das sowohl verbale, nonverbale und vor allem auch paraverbale Kommunikation notwendig ist, um bei den Zuhörern richtig anzukommen.

Ich komme nun immer mehr mit der Quellensuche klar. Diese ist für mich noch recht zeitraubend und anstrengend, jedoch konnte ich auch hier eine Steigerung meiner Fähigkeiten verbuchen.

Die Fragestellungen haben mir zu Anfang noch einige Probleme bereitet, jedoch konnte ich nach und nach herauskristallisieren, was von mir verlangt wurde.

Für die Zukunft kann ich bislang nur sagen, dass ich meine hier erworbenen Fähigkeiten versuchen werden, so effektiv wie möglich umzusetzen. Des Weiteren warte ich gespannt auf die Auswertung meiner Arbeit, mit deren Hilfe ich etwaige Potentiale aufdecken und mich diesen intensiver widmen kann.

Literaturverzeichnis

Arenberg, Petra (2015): Kreativitäts- und Präsentationstechniken. Studienbrief. SRH Riedlingen, Riedlingen.

Arenberg, Petra (2018): Selbst- und Zeitmanagement. Studienbrief. SRH Riedlingen, Riedlingen.

BÜHLER, PETER (2019): PRÄSENTATION. Konzeption - design - medien. [S.l.]: MORGAN KAUFMANN.

Graf, Anita (2019): Baustein Zeit und Informationen. In: Anita Graf (Hg.): Selbstmanagementkompetenz in Organisationen stärken, Bd. 14. Wiesbaden: Springer Fachmedien Wiesbaden (uniscope. Publikationen der SGO Stiftung), S. 225–255.

Hey, Barbara (2019): Visualisierung im Vortrag – Folien professionell gestalten. In: Barbara Hey (Hg.): Präsentieren in Wissenschaft und Forschung. Berlin, Heidelberg: Springer Berlin Heidelberg, S. 75–120.

Jochen Mai (2019): Selbstmanagement: Methoden und Definition. Hg. v. Karrierebibel. Online verfügbar unter https://karrierebibel.de/selbstmanagement/, zuletzt geprüft am 13.12.2019.

BEI GRIN MACHT SICH IHR WISSEN BEZAHLT

- Wir veröffentlichen Ihre Hausarbeit, Bachelor- und Masterarbeit

- Ihr eigenes eBook und Buch - weltweit in allen wichtigen Shops

- Verdienen Sie an jedem Verkauf

Jetzt bei www.GRIN.com hochladen und kostenlos publizieren